El niño de Belén

UN MUSICAL PARA NAVIDAD

CREADO POR
Greg y Gail Skipper

ARREGLOS DE **Greg Skipper**
y Russell Mauldin

Narración traducida por Annette Herrington

Recursos a su disposición:
Libro: CBP Art. No. 32116
Casete CBP Art. No. 48299
Paquete (libro y casete) CBP Art. No. 32647

CASA BAUTISTA DE PUBLICACIONES

CASA BAUTISTA DE PUBLICACIONES
Apartado Postal 4255, El Paso, TX 79914, EE. UU. de A.
www.casabautista.org

Publicado originalmente en inglés por Genevox, Nashville, TN bajo el título *Bethlehem's Child* por Gail y Greg Skipper, arreglos de Greg Skipper y Russell Mauldin, © Copyright 2000.

Las citas bíblicas han sido tomadas de la Santa Biblia: Versión Reina-Valera Actualizada © Copyright 1999, Editorial Mundo Hispano. Usada con permiso.

Editores: Felipe Kirk Bullington y Annette Herrington
Diseño de la portada en castellano: Genevox y Cecilia Gonzales

Primera edición: 2001
Clasificación Decimal Dewey 254.1
Tema: Cantatas
Navidad - Cantatas

ISBN: 0-311-32116-X
CBP Art. No. 32116

4 M 4 01

Impreso en EE. UU. de A.
Printed in USA

CONTENIDO

PREFACIO

Estaban sometidos a la estricta ley de los romanos, ejecutada por los ejércitos del César. Tuvieron que pagar impuestos al emperador, pero Israel sabía que algún día vendría el Mesías y las cosas cambiarían. Esperaban un rey poderoso quien conquistaría a sus enemigos, pero el plan de Dios era diferente. Él envió a un niñito que nació en circunstancias humildes. El musical *El niño de Belén* ve los eventos del nacimiento de Cristo por medio de los ojos de un mesonero que por poco pierde su oportunidad de participar en el milagro.

Al presentar este musical, es nuestra esperanza que ustedes no pierdan el regalo maravilloso que Dios tan tiernamente quiere ofrecerles. Si ya conocen a Jesús, testifiquen a otros para que ellos no pierdan la salvación gloriosa que Dios gratuitamente les ofrece.

Greg y Gail Skipper

El niño de Belén

Tr. por Salomón R. Mussiett

Letra y música por
GREG y GAIL SKIPPER
*Arreglo por Greg Skipper
y Russell Mauldin*

6

28

Hi - jo de Dios. El ni - ño de Be - lén___ es Cris - to el Se -
unísono

Re m7 Do Fa Do Re m7 Sol7

31

ñor. Na - ció un ni - ño

Do Fa2 Sol7 Do

34

en Be - lén; pas - to - res van___ a ver. Na -

Re m7 Sol Do La m7 Re m7 Sol

10

11

gran se - ñal. Su es - tre - lla les___ gui - ó.

O - ro, in - cien - so y mi - rra son te - so - ros pa - ra

él. Na - ció un ni - ño en Be - lén. Lo -

MESONERO:

¿El niño de Belén? No sé quién es este niño del que ustedes cantan, pero espero que traiga algo de dinero con él.

Es que César Augusto mandó otro edicto. Esta vez intentan cobrarnos otro bendito impuesto. Dicen que todos tenemos que participar en un censo. Y para estar seguros de que nadie se les escape, todos los hombres tenemos que inscribirnos en la ciudad de nuestros antepasados y, por supuesto, pagar los impuestos allí mismo. No se excluye a nadie. ¿Saben?, yo también tuve que pagar aquel impuesto.

Los soldados romanos andan por aquí para asegurase de que todo el mundo pague. Están en todas partes gritando órdenes a los cuatro vientos. Puede ser que ahora manden, pero todo el pueblo judío sabe que César Augusto y sus ejércitos no mandarán en Israel para siempre.

Un día vendrá el Mesías. Las cosas cambiarán, pues el Señor mismo nos lo ha prometido. ¿Conocen las palabras del libro de Isaías? Están grabadas en mi corazón exactamente como se grabaron en el corazón de mis antepasados. Todavía las puedo recitar palabra por palabra, y mi alma clama a Jehovah para que cumpla su promesa. Dice el profeta Isaías:

El pueblo que andaba en tinieblas vio una gran luz... Le aumentaste la gente y acrecentaste la alegría... tú has quebrado el yugo que cargaba... Porque un niño nos es nacido, un hijo nos es dado, y el dominio estará sobre su hombro. Se llamará su nombre: Admirable Consejero, Dios Fuerte, Padre Eterno, Príncipe de Paz. Lo dilatado de su dominio y la paz no tendrán fin... El celo de Jehovah de los Ejércitos hará esto.

Oh ven, Emanuel y
Ven, Jesús muy esperado

Arreglo por Greg Skipper
y Russell Mauldin

* "Oh ven, Emanuel". Letra, himno latino; tr. al inglés estrofa 1, JOHN MASON NEALE; estrofa 2, HENRY SLOANE COFFIN;
tr. al castellano, F. J. Pagura. Música, canto llano; adaptado por THOMAS HELMORE.

16

pue - blos, ven; En ti po - dre - mos

paz_____ te - ner; De crue - les gue - rras

lí - bra - nos, Y rei - ne so - be -

20

* "Ven, Jesús muy esperado". Letra por CHARLES WESLEY; tr. Lorenzo Álvarez. Música por ROWLAND H. PRICHARD.

22

MESONERO:

Sí, sé que vendrá el Mesías. Pero, ¿cuándo llegará ese día? A menudo, durante mis oraciones siento la necesidad de recordarle al Señor su promesa. Le digo: "Ahora sería el momento preciso, Señor. Sería el tiempo perfecto para demostrarles tu poder a esos paganos".

Un poco de insistencia de mi parte en mis oraciones no le hace mal a nadie, ¿verdad? Pero hasta este humilde servidor sabe que el Señor cumplirá su promesa en el tiempo que él tiene previsto. Cuando él venga, el Mesías nacerá aquí mismo en Belén. Sé que es verdad porque la palabra de Dios lo dice. El profeta Miqueas escribió: "Pero, tú, oh Belén Efrata, aunque eres pequeña entre las familias de Judá, de ti saldrá el que será el gobernante de Israel, cuyo origen es antiguo, desde los días de la eternidad". Esa es la promesa de Dios, y estoy seguro que él la cumplirá. Pero hasta que aparezca este Mesías, la vida bajo los romanos puede ser dura.

Tengo que admitir, a pesar de todo, que mis negocios andan bien durante estos días del censo. Soy mesonero, ¿ven? Nunca entenderé lo que me impulsó a abrir un mesón para hospedar viajeros en esta aldea. Casi nadie pasa la noche aquí en Belén, pues estamos a sólo 8 kilómetros de Jerusalén. Allí es a donde se dirige toda la gente, no a Belén. Aunque Belén se llama la ciudad de David, Jerusalén es por lo general el destino de los viajeros. El templo, el gobierno... todo está en Jerusalén.

Pero por esto del censo, bueno, mis negocios marchan bien... como nunca. Cada descendiente del rey David tiene que venir aquí. Las personas llegan de todas partes del país para inscribirse. El mesón ha estado lleno de viajeros durante meses. He tenido a gente durmiendo en cada cama y algunas noches hasta en cada rincón del suelo. La gente ya no cabe en esta aldea de Belén.

Venid, fieles todos y
¡Oh aldehuela de Belén!

Arreglo por Greg Skipper
y Russell Mauldin

* "Venid, fieles todos". Letra, himno latino; atribuido a JOHN FRANCIS WADE, tr. al inglés, Frederick Oakeley, y otros; tr. al castellano, Juan B. Cabrera. Música, JOHN FRANCIS WADE.

* "¡Oh Aldehuela de Belén!". Letra, PHILLIPS BROOKS; es traducción. Música, LEWIS REDNER.

28

30

nues - tras al - mas na - ce hoy Lim -

pian - do__ to - do mal. Los án - ge - les del

cie - lo Te a - nun - cian al na - cer: ¡Ven

MESONERO:

¿Ven ustedes a esa pareja joven camino al establo? Son descendientes del gran rey David y recién llegaron de Nazaret para inscribirse en el censo. Se llaman María y José. ¡Qué situación! El joven José buscaba desesperadamente una habitación y la joven parecía tan cansada.

Hasta para un viejo como yo es evidente que ella no da más. Está a punto de tener un hijo, tal vez esta misma noche. Pero no tengo ninguna habitación disponible, ninguna cama, ningún rincón en el piso dentro del mesón donde la pobre pudiera reposar.

Ni siquiera un genio para los negocios como este servidor puede tener ganancias cuando no hay espacio. Estaba por rechazarles, como ya había rechazado a muchos otros, cuando mi esposa me tiró de la manga y me susurró: "¿y en el establo?"

¿Por qué no había pensado yo en ese lugar? No es mucho, pero por lo menos en el establo no hace tanto frío y podrán tener algo de privacidad. Eso es, si estaban dispuestos a compartir el lugar con el burro y algunas ovejas.

La joven pareja aceptó la idea con gozo, y se dirige allí ahora mismo. Menos mal que lo hicieron, porque su hijo seguramente nacerá esta noche.

Santa la noche

JOHN S. DWIGHT
Es traducción

ADOLPHE C. ADAM
Arreglo por Greg Skipper
y Russell Mauldin

36

38

SOLO

mp

dor.

Hoy por la

mp

Si♭

fe_____ lle - ga - mos al pe - se - bre a con - tem-

Si♭   Mi♭   Si♭   Re m

plar al ben - di - to Je - sús,

Sol m   Fa7   Si♭

Co - mo tam - bién_____ los sa - bios del O -

Si♭   Mi♭

40

MESONERO:

Sí, yo sé qué hora es. Y no, generalmente no estoy despierto a estas horas de la madrugada. Pero me desperté con un impulso raro de ir a ver a la parejita en el establo.

Veo que tuvieron ustedes la misma idea. Escúchenme y les contaré lo que ya observé. Miren allí. ¿Ven a la joven?

Yo tenía razón, ¿verdad? El niño nació esta noche, exactamente como les dije. Es un varón, su primogénito. Vean cómo su madre lo ha envuelto en pañales, y lo ha acostado en un pesebre lleno de paja para que sea más blando. Este recién nacido duerme en el mismo pesebre que yo uso para alimentar a los animales. ¡Pobrecito!, solamente un pesebre como cuna.

Hace poco unos pastores entraron al establo y fueron directamente al pesebre. ¡Qué raro! ¿Qué habrá pasado para impulsar a los pastores a dejar sus rebaños y bajar de los cerros a estas horas? Seguramente debe ser algo más importante que sólo mirar a un bebé.

Al principio, los pastores solamente se quedaron allí de pie mirando al niño que dormía. De repente, salieron corriendo por las calles, y empezaron a hablar a todos los que encontraron. Parecía que todos los pastores hablaban a la vez.

"Vimos una luz resplandeciente del cielo, y teníamos mucho miedo", exclamó uno. "Un ángel nos dijo que había nacido un Salvador, que es Cristo el Señor", dijeron todos. "Y que encontraríamos a un niño envuelto en pañales y acostado en un pesebre", añadió el más joven. Después, hablaban de más ángeles que proclamaban: "Gloria a Dios en las alturas, y en la tierra paz entre hombres de buena voluntad".

¿Qué significaría todo esto?

Mosaico angelical

Gloria a Dios
¡Al mundo paz, nació Jesús!
A medianoche resonó
Ángeles de alta gloria

*Arreglo por Greg Skipper
y Russell Mauldin*

47

48

* "¡Al mundo paz, nació Jesús!". Letra por ISAAC WATTS; es traducción. Música por GEORGE FREDERICK HANDEL.

* "A medianoche resonó". Letra por EDMUND H. SEARS; tr. estrofa 1, José L. Santiago Cabrera, estrofas 2 y 3, Arnfeld C. Morck. Música por RICHARD STORRS WILLIS.

50

los pas - to - res a - nun -

ció La voz an - ge - li -

* "Ángeles de alta gloria". Letra por JAMES MONTGOMERY; tr. George P. Simmonds. Música por HENRY T. SMART.

MESONERO:

Quiero contarles más de estos acontecimientos raros. Esos pastores no podían contener su emoción. Juntaban a la gente que podían y les contaban la misma historia acerca de los ángeles, las luces resplandecientes en el cielo y un Salvador enviado de Dios.

Todos se maravillaban al escuchar a los pastores. Tengo que admitir que yo también estoy muy perplejo por lo que decían.

¿Puede ser que este niño durmiendo en el pesebre sea el Salvador prometido? ¿El que todo Israel espera? Sabemos todos que sí, nacerá en Belén, pero seguramente ¡no nacerá en mi establo! ¿No tendría más sentido que llegara como rey?

Tal vez la joven madre nos pueda decir lo que ella sabe de todo esto. Vean como ella está allí sentada no más, cuidando al recién nacido. Parece que está escuchando cada palabra, pero no dice nada. ¿Qué estará pensando esta nueva madre?

El bebé Jesús nació

JOSEPH SIMPSON COOK
Tr. por Adelina Almanza

Un villancico de primavera del siglo XXIV
Arreglo por Greg Skipper
y Russell Mauldin

46

rru - lla ya al be - bé en sus bra - zos;

Lab   Mib   Reb Lab Sibm7 Mib   Lab

49

Siem - pre pu - ro ha - brá de ser, mas ya no un ex -

Lab   Mib   Reb Lab Sibm7 Mib

52

tra - ño. De Dios Hi - jo he - cho mor - tal,

div. *f*

Lab   Sibm Lab Mib   Do7   Fam

f

62

MESONERO:

La pareja de Nazaret y su niñito ya se fueron, pero allí no termina la historia. Hace poco tuve viajeros desde el Oriente quienes se hospedaron en el mesón. Eran unos astrónomos que habían estudiado los cielos durante muchos años. Decían haber descubierto una estrella nueva que indicaba el nacimiento de un rey judío. Habían seguido esta estrella hasta llegar a Belén.

El hecho de encontrar a un niño en una aldea, aun pequeña como Belén, no es una tarea fácil. Pero la estrella les guió hasta el lugar exacto. El niño que buscaban era el mismo que nació en mi establo.

Tenían razón los pastores. Ya vino el Mesías. ¿Les dije que la joven pareja le puso por nombre, Jesús? Saben que el nombre quiere decir "el Señor salva", ¿verdad?

En estos días he tenido tiempo para reflexionar sobre los acontecimientos relacionados con este nacimiento. Ahora estoy convencido que este Jesús es el Salvador, el Mesías que Dios nos prometió. El niño que nació en el establo y fue puesto en un pesebre como cuna no es lo que yo esperaba, pero este niño de Belén es el Hijo de Dios, el Mesías y Salvador de toda la humanidad.

El niño de Belén

(repaso)

Tr. por Salomón R. Mussiett

Letra y música por
GREG y GAIL SKIPPER
*Arreglo por Greg Skipper
y Russell Mauldin*

66

Hi - jo de Dios. El ni - ño de Be - lén____ es Cris - to el Se -

unísono

Re m7   Do   Fa   Do   Re m7   Sol7

ñor.   Na - ció un ni - ño

Do   Fa2   Sol7   Do

en Be - lén; pas - to - res van____ a ver.   Na -

Re m7   Sol   Do   La m7   Re m7   Sol

68

72